NIVEAU
3

Double rencontre

Reine Mimran

Édition : Brigitte Faucard
Illustrations : Florence de Vandermeersch
Enregistrements audio : BÉRYL PRODUCTIONS
Direction artistique audio : : Hélène Lamassoure
Conception couverture et mise en page : Christian Blangez

© 2008, SEJER
ISBN : 978-2-09-031400-7
© 2008, Santillana Educación, S.L.
Torrelaguna, 60 – 28043 Madrid
ISBN : 978-84-96597-59-4

2

1. Devinez...
Lisez les titres des chapitres.

a. Est-ce que ces titres vous renseignent sur l'histoire,
les personnages ?

b. Est-ce que vous pensez que vous allez lire une histoire
d'amour, une histoire policière, l'histoire d'une amitié entre
un jeune homme et une jeune fille ?

2. Imaginez...
L'histoire à partir du titre.

3. Les illustrations.
Quels sont les personnages qui apparaissent le plus souvent ?
Que pouvez-vous en conclure ?

4. Reliez l'auteur à son œuvre et à son époque.

- **1.** *La Princesse de Clèves*

- **2.** xxᵉ siècle

a. Marcel Proust

- **3.** *Sous les vents de Neptune*

b. Madame de La Fayette

- **4.** xviiᵉ siècle

c. Fred Vargas

- **5.** *À la recherche du temps perdu*

- **6.** contemporain

**5. Le mot *site* a plusieurs significations en français.
Laquelle correspond au monde de l'électronique ?**

a. Paysage beau et pittoresque. ☐

b. Serveur de données où on accède par un réseau. ☐

c. Lieu où se trouvent une ville, des ruines, un édifice. ☐

Présentation

Justine :
elle est professeur de français, latin, grec. Elle essaye de rencontrer quelqu'un sur Internet.

Caroline :
amie de Justine. Elle travaille dans une boutique de mode.

Un voisin de Justine :
elle ne le connaît pas encore, il vient de s'installer dans l'immeuble.

Adeline :
amie de Justine. Elle prépare son doctorat d'Histoire. Elle conseille à Justine de s'inscrire sur un site de rencontres.

Constance :
amie de Justine. Elle est psychologue.

Des amies
de longue date…

Justine monte à toute vitesse les marches du métro et se retrouve dehors, dans l'air humide de la fin de février.

Il fait nuit ; elle est en retard au rendez-vous. Tous les mardis, elle dîne avec trois anciennes copines de lycée. C'est maintenant une habitude. Leurs professions différentes ne les ont pas séparées ; quelque chose les unit encore : le plaisir des fous rires partagés.

Elle pousse la porte de la brasserie et cherche ses amies. Elles sont déjà là, assises, comme tous les mardis, à la même table !

Caroline la voit la première.

– Justine, enfin ! Tu es en retard !

– Désolée, un coup de téléphone de ma mère !

– Tout va bien ?

– Oui, oui, mais vous connaissez ma mère. Elle me pose et me repose toujours les mêmes questions : « Est-ce que tu vas bien ? Qu'est-ce que tu manges ? Est-ce que tu dors bien ? et… quand est-ce que tu vas te marier… ? »

– Ah, ah, ah ! Oui, oui, on sait… Pendant des années, nos mères nous ont répété : « Étudiez, travaillez, exercez un métier, gagnez

un(e) ami(e) de longue date : un(e) ami(e) qu'on connaît depuis longtemps, ancien(ne).
un fou rire : rire qu'on ne peut pas arrêter.
une brasserie : grand café restaurant.
se marier : s'unir par le mariage (union légale de deux personnes).

votre vie ! » Nous travaillons, nous avons un métier, nous gagnons notre vie et aujourd'hui, elles ne nous disent plus : « Travaillez ! » mais « Mariez-vous ! »

   – D'accord ! Mais avec qui ? Où est la « **perle rare** » ? Parfois, on rencontre un garçon et on pense : « Ah, celui-là est parfait. » Et puis on découvre que le jeune homme est avare, égoïste ou que c'est un don Juan…

Justine sourit tristement. Elle pense à Félix, son dernier petit ami ; intelligent et sympathique, c'est vrai ; gentil, c'est vrai, oh oui, gentil, **si** gentil avec elle… et avec toutes les femmes… ! Elle a passé beaucoup de soirées, seule. Elle l'attendait, elle écoutait le bruit de l'ascenseur, elle consultait la **messagerie** toujours **muette** de son téléphone portable et elle pleurait.

Maintenant, c'est terminé. Elle n'a plus de « petit ami » et elle a une vie tranquille, enfin… un peu trop tranquille !

Elle regarde ses trois amies. Caroline, grande, brune, mince, dynamique qui travaille dans une boutique de mode. Adeline, petite rousse gaie, optimiste, qui prépare son doctorat d'Histoire. Et puis, il y a Constance, la psychologue, **qui porte bien son nom**, Constance, toujours prête à écouter, à consoler… Leurs amis masculins eux, sont tous partis. Nicolas est marié et vit à Lille. Guillaume travaille à Londres, dans la finance, et Raphaël, le plus intelligent, le plus énergique, Raphaël est quelque part dans le monde avec une ONG.

   – Alors, mesdames, vous commandez ? demande le garçon.

---

la perle rare : personne parfaite et difficile à trouver.
un(e) petit(e) ami(e) : compagnon/compagne ; amoureux/amoureuse.
si : (adverbe d'intensité) tellement.
la messagerie muette : une messagerie sert à laisser un message sur un portable ; ici, elle est muette (silencieuse) parce que son ami ne laisse pas de messages.
qui porte bien son nom : qui a un nom en harmonie avec son caractère, sa manière d'être.

– *Alors, mesdames, vous commandez ? demande le garçon.*

Elles passent leur commande et continuent à bavarder. Adeline dans un grand éclat de rire annonce :

— J'ai fait quelque chose que vous ne devinerez jamais.

— Quoi ? Qu'est-ce que tu as fait ? Allez, raconte !

— Je me suis inscrite sur un site de rencontres Internet.

Les trois autres ouvrent de grands yeux et disent seulement :

— Mais pourquoi ?

— Je fais comme tout le monde ! Et vous savez, beaucoup de gens ont répondu. Des jeunes, des vieux, des beaux, des moches...

— Et alors ?

— Je bavarde avec eux, c'est tout.

— Tu n'as pas peur des détraqués sexuels ? demande Constance.

Adeline ne répond pas. Elle dit seulement à Justine :

— Essaye, toi aussi, et tu oublieras Félix !

— Tu crois ? Peut-être, pourquoi pas ?

Les amies sont surprises. Justine, si raisonnable, si timide, Justine n'a pas dit non ! C'est incroyable !

— Tu ne le feras pas, affirme Caroline.

— Mais si, je le ferai, moi aussi je veux essayer.

— Mais tu dis toujours : « Je connais quelqu'un quand je vois son visage, ses yeux, ses expressions ! », dit Constance.

— Oui, tu as raison. Et sa nuque aussi. Un philosophe a dit : « la nuque d'une personne peut être aussi expressive que son visage. »

Ses amies rient.

— Philosophiquement peut-être, mais amoureusement... hum, hum, j'en doute ! dit Caroline. Mais sur Internet, il n'y a pas d'expressions, pas de... nuque.

Constance ajoute :

---

un éclat de rire : rire spontané et très fort.
un moche (fam.) : homme qui n'est pas beau.
bavarder : parler.
un détraqué : déséquilibré.

À une table voisine, Justine en est sûre, un homme les écoute.

– Et puis, tu dis toujours que le hasard joue un rôle important dans les rencontres amoureuses.

– Mais il y a aussi le hasard sur Internet. J'ai quitté Félix, il y a un an et **depuis**, je suis seule. J'adore nos dîners, j'adore parler, sortir avec vous mais **il me manque quelque chose**.

Ensemble, les copines demandent, curieuses :

– Quoi donc ? L'émotion, le **frisson** délicieux des premiers rendez-vous « amoureux ». Le **piment** de la vie, **quoi** !

Elles éclatent de rire toutes les trois. Justine rit aussi.

– Justine, tu es vraiment **fleur bleue** !

Justine, tout à coup, a une impression **bizarre**. À une table voisine, elle en est sûre, un homme les écoute. Elle le dit à ses amies

---

depuis : à partir (de ce moment).
il me manque quelque chose : je ne suis pas complètement satisfaite.
un frisson : léger tremblement.
le piment : ici, ce qui donne du goût, de la saveur (à la vie).
quoi ! (fam.) : employé comme interjection, ici au sens de *pour résumer, en conclusion.*
être fleur bleue : être romantique.
bizarre : étrange, qui provoque la surprise.

qui jettent des coups d'œil curieux vers l'homme. Il est de dos, il a fini de dîner et il lit.

Caroline le regarde et murmure :

— Il a une belle nuque ! Il va te plaire, Justine !

— Tu dis des bêtises ! Bon, je bois mon café et je vous quitte. J'ai du travail. J'étudie avec mes élèves *La princesse de Clèves*. Et jeudi, nous expliquons un passage important : *Monsieur de Nemours déclare son amour à Madame de Clèves*.

Les trois amies disent ensemble :

— Ah, l'amour ! L'amour !

Et elles rient.

* * *

Justine quitte la brasserie et se dirige vers le métro. Elle a de nouveau une impression bizarre. Quelqu'un est derrière elle et la suit. Elle se retourne brusquement mais ne voit rien. Elle se dit qu'elle devient paranoïaque. Elle descend dans la station. Vite, le métro est là. Quelques minutes plus tard, elle est chez elle. Quel désordre ! Il y a des vêtements sur le lit, dans la salle de bains... Dans la cuisine, il y a encore la vaisselle du petit-déjeuner. Avec Félix, c'était différent !!! Mais elle ne veut plus penser à Félix.

Elle reprend le texte de Madame de La Fayette. Le duc de Nemours, le plus bel homme de la cour, déclare son amour à Madame de Clèves, mais Madame de Clèves, qui l'aime, le repousse ; elle pense que les hommes ne peuvent pas être fidèles. Elle lit et relit ce magnifique texte et, un peu plus tard, elle s'endort avec cette question : « Est-ce que Madame de Clèves a raison ? »

---

de dos : contraire de *de face*, c'est-à-dire qu'on voit seulement son dos.
une bêtise : ici, chose stupide.
la cour : ensemble de personnes qui entourent le roi.
repousser : rejeter, refuser, ne pas accepter (son amour).
fidèle : qui a des relations amoureuses uniquement avec son mari/sa femme, son compagnon/sa compagne.

1. Entourez la bonne réponse.

a. À votre avis, qui va être l'héroïne du récit ?
Adeline – Justine – Caroline – Constance

b. Les amies se rencontrent...
au cinéma. – dans un jardin. – dans une brasserie. – dans un appartement.

c. Quelle recommandation leur mère donne aux jeunes filles maintenant qu'elles ne sont plus adolescentes ?
Étudiez. – Faites du sport. – Mariez-vous.

2. Vrai ou faux ?

	V	F
a. Justine a un petit ami.	☐	☐
b. Constante s'est inscrite sur un site de rencontres.	☐	☐
c. Justine n'est pas totalement satisfaite de sa vie actuelle.	☐	☐
d. Pendant le dîner, elle a l'impression que quelqu'un les écoute.	☐	☐
e. Cette personne est une femme.	☐	☐

3. Reliez les jeunes filles à leur profession.

a. Caroline   •   • **1.** professeur de français
b. Justine   •   • **2.** psychologue
c. Adeline   •   • **3.** travaille dans une boutique de mode
d. Constance   •   • **4.** prépare un doctorat d'Histoire

4. Entourez la bonne réponse.

Justine étudie avec ses élèves un roman de...
Guy de Maupassant – Alexandre Dumas – Albert Camus –
Madame de La Fayette

Ce soir, coincée entre ses voisins, Justine peut à peine respirer.

Chapitre 2

Envoyer, ou pas… ?

Le métro comme d'habitude est bondé. Il n'y a pas une seule place assise. Justine revient du lycée. C'est sa première année d'enseignement et elle est pleine d'enthousiasme. En classe, elle est toujours debout et se déplace sans cesse ; elle écrit au tableau, elle explique, interroge et échange des idées avec ses élèves. Mais après, elle est vidée. Alors, dans le métro, elle aime bien trouver une place libre et s'asseoir, rêver, regarder les gens assis en face d'elle, imaginer leur vie, fermer les yeux de temps et temps et suivre le rythme de la rame.

Ce soir, coincée entre ses voisins, elle peut à peine respirer et à côté d'elle, une jeune fille raconte au téléphone, d'une voix forte et exaspérée, ses problèmes avec son chef. Comment fait-elle pour parler au milieu de tous ces gens ? Heureusement, le métro arrive à une station importante ; beaucoup de voyageurs descendent ; elle peut enfin s'asseoir. Elle pense à sa conversation avec ses amies.

Elle n'a pas encore osé aller sur un site de rencontres. Mais elle se dit qu'elle le fera ce soir. Oui, oui, elle le fera.

Le métro s'arrête, c'est sa station. Elle descend et rentre chez elle. Chez elle, c'est au sixième étage d'un bel immeuble des années 30, un deux-pièces de 45 m^2 que sa grand-mère lui a laissé : il donne

> **bondé** : absolument plein, qui contient le maximum de personnes.
> **vidé(e)** (fam.) : très, extrêmement fatigué(e).
> **une rame** : file de voitures accrochées les unes aux autres (dans le métro).
> **coincé(e)** (fam.) : qui ne peut pas bouger.
> **oser** : avoir l'audace de (faire quelque chose).
> **un deux-pièces** : appartement avec un salon et une chambre (deux pièces), plus une cuisine et une salle de bains.

sur un petit jardin public et, au printemps et en été, Justine peut admirer les arbres en fleurs, et écouter le chant des oiseaux. Elle est heureuse dans son petit appartement confortable et clair. Des étagères remplies de livres, de CD et de DVD couvrent presque tous les murs.

* * *

Elle arrive à son étage, rentre chez elle, pose ses affaires près du bureau et allume son ordinateur. Puis elle prend une douche et met au micro-ondes une soupe **surgelée**. Vive les magasins de surgelés et le micro-ondes ! Elle dîne et lit rapidement le journal. Un article attire son attention. On y parle des sites de rencontres ! C'est un signe du destin ! Que dit l'article ?

*« 52 % des adultes et 46 % des enfants se sont fait des amis sur Internet. Parmi les adultes, près de 70 % ont gardé ces amitiés dans le monde réel. Plus surprenant, ils disent apprécier autant leurs amis « en ligne » que ceux du monde réel, **voire** les préférer. »*

Cette lecture lui donne du **courage**.

Elle s'installe devant son ordinateur et ouvre un site de rencontres. Les premières fiches qu'elle lit ne lui plaisent pas. Elles sont pleines de fautes d'orthographe !!!

Et puis, les goûts des gens ne correspondent pas à ses goûts à elle.

Pas une seule fiche ne parle de ce qu'elle aime tant : la littérature, la musique, la mer, la nature...

Elle **hésite** un instant et puis elle décide de remplir **quand même** une fiche.

- Femme : âge, 25 ans.
- Habite : Paris.

---

surgelé(e) : congelé(e) très rapidement et à très basse température.
voire : adverbe qui signifie *et même, et en plus*.
le courage : ici, force, ardeur (pour écrire).
hésiter : ne pas se décider (à faire quelque chose).
quand même : cependant.

Justine s'installe devant son ordinateur et ouvre un site de rencontres.

- Parle anglais, italien.
- Taille : 1 m 68 ; yeux : **noisette** ; cheveux : noirs, courts et bouclés.
- Caractère : volontaire, sociable...

Elle s'arrête. Elle trouve qu'il est très difficile de se décrire. Elle a des qualités et des défauts, mais elle ne sait pas comment en parler.

- Non fumeuse.
- Célibataire, sans enfants, vit seule.
- Professeur de français, de latin et de grec dans un lycée.
- Aime la littérature, la musique, les **balades** en ville, les **randonnées** en forêt ou en montagne, les cafés, les musées...
- Pratique seulement la natation en été et la bicyclette en ville.

À ce moment-là, elle entend une musique de l'autre côté du

noisette : brun clair, de la couleur d'un fruit sec très apprécié des écureuils.
une balade (fam.) : promenade.
une randonnée : longue promenade dans la nature.

mur : c'est une chanson de Barbara : *Le mal de vivre*. Elle est surprise ; l'appartement voisin est vide. Les anciens locataires sont partis au début du mois. Il y a peut-être un nouveau locataire. Elle écoute un moment et elle reprend sa fiche.

- Ses chansons préférées : certaines chansons de Barbara, de Brassens, de Léo Ferré, de Camille ; *Les mistrals gagnants* de Renaud ; *Le baiser Modiano* de Vincent Delerm, une chanson magnifique de Juliette : *Oraison*...
- Son plat préféré : c'est un dessert, la **tarte Tatin**. Recherche un homme qui a les mêmes goûts qu'elle.

Elle relit sa fiche. Elle ne se reconnaît pas ! Une fiche ne montre pas la vie réelle d'une personne avec ses doutes et ses contradictions. Par exemple, elle, elle adore Mozart, mais elle peut écouter aussi un chanteur, un « slameur » comme Grand corps malade. Elle adore Proust, mais elle peut lire aussi des romans policiers de Fred Vargas. Sa fiche est incomplète mais bon... elle décide de l'envoyer.

Elle a besoin d'un **pseudo**, c'est la règle. Elle réfléchit un instant puis choisit : *Oriane*, c'est un prénom peu courant, mais c'est le prénom d'une héroïne de Proust.

Ce sera le test ! Le garçon qui découvrira la relation entre Oriane et Proust, sera l'**élu** !!! Elle est contente de proposer cette énigme. C'est plus amusant.

Puis elle se met au lit. Elle prend un livre et lit quelques lignes, mais elle ne comprend rien, elle a la **tête ailleurs**.

Elle se pose et se repose la même question : « Est-ce que j'ai

---

un locataire : personne qui paie une somme mensuelle au propriétaire de l'appartement où il vit.
la tarte Tatin : dessert traditionnel à base de pommes.
un slameur : personne qui fait du slam (poésie populaire orale que l'on déclame dans des bars, des salles de spectacle...).
un pseudo : abréviation familière de *pseudonyme*.
l'élu : ici, la personne que le cœur choisit.
avoir la tête ailleurs : penser à autre chose.

Puis Justine se met au lit. Elle prend un livre et lit quelques lignes.

1. Vrai ou faux ?

	V	F
a. Justine revient du lycée à pied.	☐	☐
b. Elle travaille dans un lycée pour la première fois de sa vie.	☐	☐
c. Elle n'aime pas beaucoup son métier.	☐	☐
d. Elle a un grand appartement.	☐	☐
e. Pour elle, les livres n'ont pas beaucoup d'importance.	☐	☐

2. Entourez la bonne réponse.

a. Une fois chez elle, Justine dîne et *regarde la télé – lit le journal.*

b. L'article qui attire son attention parle *des relations professeur/élèves – des sites de rencontres.*

c. Justine *décide de créer sa fiche de présentation – renonce à faire une fiche.*

d. Pendant qu'elle écrit, elle découvre que l'appartement d'à côté *est vide – est de nouveau occupé.*

3. Complétez la fiche de Justine avec les informations données dans le chapitre.

a. Justine a ...... ans.

b. Elle a les yeux......

c. Ses cheveux sont ......

d. Elle mesure ......

e. Elle est ...... de français.

f. Elle est ...... et n'a pas d'enfants.

4. Répondez.

a. Quel pseudonyme prend Justine ? ....

b. Ce nom est celui d'une héroïne d'un roman de ....

Chapitre 3

Répondre ou pas... ?

Le mardi suivant, au dîner **hebdomadaire** avec ses copines, elle annonce qu'elle a rempli une fiche sur un site de rencontres.

Elles demandent **en chœur** :

– Alors, alors ?

– Alors, rien ! rien ! rien ! Je n'intéresse personne et personne ne m'intéresse ! C'est terminé. J'arrête !

– Mais c'est normal, dit Adeline. Il faut du temps pour rencontrer quelqu'un d'intéressant. Et puis, je te connais, tu es trop exigeante.

Elle se tourne vers les deux autres :

– Vous vous imaginez, quand elle voit une faute d'orthographe, elle pousse des cris d'horreur et elle passe à une autre fiche.

Caroline et Constance éclatent de rire.

– Mais alors, tu ne trouveras personne ! Tout le monde fait des fautes d'orthographe aujourd'hui ! Et puis on peut faire des fautes et être intègre, généreux, intelligent, etc., etc.

– Oui, je sais, je sais, dit Justine, mais c'est comme ça, je ne supporte pas les fautes d'orthographe !

Adeline ajoute :

– Et en plus, elle a pris le pseudo d'Oriane et elle veut répondre seulement à celui qui comprendra que c'est un personnage de Proust ! Elle est folle !!!

hebdomadaire : qui a lieu chaque semaine.
en chœur : ensemble, en même temps.

Constance fait alors une observation :

– Un psychanalyste te dira : « Mademoiselle, de manière inconsciente, vous ne voulez pas avoir de réponse. »

Justine ne dit rien ; elle a la même impression bizarre que depuis la semaine dernière ; quelqu'un les écoute.

Elle se retourne. Un homme assis sur une banquette, la tête baissée, lit un magazine ; c'est l'homme qui les écoutait la semaine dernière, non ?

De temps en temps, elle sent son regard, comme on sent un petit insecte agaçant qu'on essaye de chasser et qui revient toujours.

* * *

Après le dîner, comme d'habitude, elle rentre seule chez elle ; dans le métro, aussi, elle a l'impression que quelqu'un l'observe. Elle ne se retourne pas, elle ne lève pas les yeux. Enfin le métro arrive à sa station ; elle descend très vite et court jusqu'à son immeuble qui, heureusement, est à quelques mètres seulement. Mais elle entend des pas rapides derrière elle.

Très vite, elle compose le code d'ouverture, se précipite dans l'ascenseur, arrive au sixième, ouvre sa porte, rentre et la referme. Ouf ! elle a eu peur ! Tout à coup, elle sursaute ; quelqu'un a fermé une porte sur le palier. Elle retire son manteau, se déshabille, se met en pyjama et se brosse les dents ; ensuite elle va s'asseoir devant son ordinateur. Elle hésite, elle a sommeil, et elle pense que c'est inutile… Machinalement, elle l'allume, va sur le site de rencontres

une **banquette** : banc recouvert de cuir ou de plastique qu'on trouve dans les bars, les restaurants, les trains...
agaçant : qui irrite, rend nerveux, exaspère.
chasser : faire partir.
un **code d'ouverture** : ensemble de chiffres qu'on fait pour ouvrir une porte (d'immeuble, de coffre-fort...).
ouf ! : mot qui exprime qu'on est enfin calme, qu'on n'a plus peur.
sursauter : avoir un mouvement brusque provoqué par la surprise, par exemple.
un **palier** : dans un immeuble, espace commun située entre deux escaliers ; là, se trouvent les différentes portes des appartements.

Très vite, Justine compose le code d'ouverture.

et… à sa grande surprise, elle trouve une fiche signée Swann. Swann est aussi un personnage de Proust. Elle est enchantée ! Mais c'est aussi le nom du « cygne » en anglais. Swann ou swan ? Elle ne se rappelle plus.

Elle lit :

- Homme : âge, 28 ans. *(C'est bien ; ni trop jeune, ni trop vieux.)*
- Habite Paris. *(Comme elle ; c'est plus commode.)*
- Taille : 1 m 80 *(Un peu trop grand pour elle, peut-être ?)*
- Yeux : clairs ; cheveux : châtain.
- Caractère : rêveur, aime bien la solitude.
- Non fumeur.

Elle s'arrête de lire et écoute. Cette fois, ce sont les *Suites pour violoncelle seul* de Bach qui traversent le mur et viennent lui apporter leur calme et leur beauté. Son voisin (ou sa voisine ?) a les mêmes goûts qu'elle !

Elle reprend la lecture de la fiche.

- Célibataire, sans enfants, vit seul depuis plusieurs mois.
- Astrophysicien.
- Aime la littérature, le jazz, la musique classique, surtout la musique de chambre *(comme elle)*, adore le 2e mouvement de la *Sonate 960* de Schubert *(elle aussi !)* ; aime les balades, les cafés, les musées *(comme elle !)*…
- Pratique seulement un sport : l'escalade en forêt de Fontainebleau. *(Elle a toujours rêvé de faire de l'escalade.)*
- Ses chansons préférées : des chansons de Barbara, de Léo Ferré, de Jean Ferrat, une chanson de *Starmania* (l'opéra rock de Michel Berger) *Only the very best*, chantée par Peter Kingsbery *(c'est incroyable, elle connaît cette chanson et elle l'aime beaucoup)*.
- Son plat préféré : les sardines en boîte. *(Super ! Elle est très mauvaise cuisinière.)*
- Recherche une femme qui a les mêmes goûts.

---

un cygne : grand oiseau blanc, palmipède, au long cou élégant qui vit dans les lacs.

Justine sent qu'il y a un accord profond,
une harmonie totale entre elle et cet homme.

La lecture de cette fiche la remplit de joie. Elle sent qu'il y a un accord profond, une harmonie totale entre elle et cet homme. Et son pseudonyme est... miraculeux !

Elle a envie de répondre, mais en même temps, elle a un peu peur. Elle veut téléphoner à l'une de ses amies pour lui demander conseil, mais elle regarde sa montre et voit avec surprise qu'il est deux heures du matin. Ses amies sont sûrement en train de dormir.

miraculeux : ici, merveilleux, prodigieux.

Elle se lève et va à la fenêtre. La rue est déserte et silencieuse ; le seul signe de vie se trouve dans l'immeuble en face où une fenêtre, comme toutes les nuits, reste éclairée. Tous les soirs, elle regarde cette fenêtre et elle sait que là, quelqu'un veille comme un **guetteur**, comme le gardien de la nuit.

Elle revient alors à son ordinateur et pose ses mains sur le clavier. Mais elle ne peut pas écrire à un inconnu.

Finalement, elle éteint l'ordinateur, se lève et se dit : « demain, j'écrirai. Demain, peut-être... »

veiller : être vigilant.
un guetteur : personne qui surveille pour protéger.
un clavier : c'est le clavier qui permet d'écrire sur l'ordinateur.

1. Complétez les phrases avec : *exigeante, intéresse, écoute, fiche.*

a. Justine dit à ses amies qu'elle a rempli une ...... sur un site de rencontres.

b. Elle pense qu'elle n'...... personne.

c. Ses amies lui disent qu'elle est trop ......

d. Pendant le dîner, Justine a l'impression que quelqu'un les ......

2. Vrai ou faux ?   V   F

a. Dans le métro, Justine sent aussi qu'on l'observe.   ☐   ☐

b. Elle a un peu peur de rentrer chez elle.   ☐   ☐

c. Elle n'a pas de réponse à sa fiche.   ☐   ☐

d. Son correspondant a choisi le nom d'un chanteur
comme pseudonyme.   ☐   ☐

3. Cochez la ou les bonne(s) réponse(s).

Swann est...   **a.** un mot anglais qui veut dire « cygne ». ☐
               b. un gâteau.   ☐
               c. un personnage de Proust.   ☐
               d. le pseudo du correspondant de Justine.   ☐

4. Le correspondant de Justine. Vrai ou faux ?   V   F

a. Il a 28 ans.   ☐   ☐

b. Il habite en province.   ☐   ☐

c. Il n'aime pas la solitude.   ☐   ☐

d. Il est astrophysicien.   ☐   ☐

e. Il pratique l'escalade.   ☐   ☐

Justine va au marché, achète une baguette, du fromage et des pommes.

Chapitre 4

Un ami
de fraîche date...

Le lendemain est un mercredi, elle n'a pas cours ; elle a donc tout le temps de réfléchir et de préparer le message qu'elle enverra à « Swann ». Mais elle retarde sans cesse ce moment.

Elle fait sa lessive, descend à la boîte aux lettres ; elle trouve le faire-part du mariage de Guillaume. C'est son deuxième copain qui se marie ! Elle va au marché, achète une baguette, du fromage et des pommes. Elle revient chez elle et déjeune devant la télé.

Puis, comme son voisin ou sa voisine, elle écoute les *Suites pour violoncelle seul* de Bach, cette musique qui lui apporte le calme.

Elle corrige quelques copies. Le téléphone sonne. C'est Adeline.

— Alors, tu as trouvé « la perle rare » sur Internet ?

— Peut-être !

— Tu lui as envoyé un message ?

— Pas encore !

— Mais qu'est-ce que tu attends ? Allez, vas-y, courage ! Envoie-le maintenant, je t'appellerai plus tard.

Justine allume l'ordinateur, ouvre le site de rencontres et

un ami de fraîche date : ami nouveau, récent.
un faire-part : lettre imprimée qui annonce une nouvelle, un événement social, familial.
une copie : devoir qu'un élève donne à son professeur pour être corrigé.
vas-y : ici, fais-le, agis, lance-toi.

s'arrête…

Elle est intimidée. Mais finalement, elle tape les premiers mots :

Bonjour Swann !

J'ai lu votre fiche ; je suis inscrite sur le site sous le pseudo d'Oriane… Je crois que nous avons de nombreux points communs…

Elle s'arrête. Elle ne trouve pas les mots qu'on peut écrire à quelqu'un qu'on ne connaît pas. Elle ajoute seulement :

À bientôt peut-être ?

Et c'est tout. Ce message est banal, elle a honte. Elle, qui peut parler pendant des heures avec ses élèves, de la passion, des sentiments, elle trouve uniquement ces mots ordinaires, ridicules. Son doigt hésite un moment, et puis elle finit par taper sur le mot « envoyer ». Elle ne veut plus réfléchir. Ouf ! C'est fait !

Elle a envie d'une tasse de thé. Elle se lève et va à la cuisine ; la poubelle est pleine. Elle ramasse le sac à ordures et sort de l'appartement. Il y a un vide-ordures sur le palier. Elle entend le bruit d'une porte qu'on ferme, elle se tourne et voit un homme qui entre rapidement dans l'ascenseur. Elle n'a pas vu son visage, mais elle a eu le temps d'admirer une silhouette souple et jeune. Les portes se ferment et l'homme disparaît. Sans doute le nouveau voisin ! Elle a une impression de déjà-vu… Bizarre !

Elle rentre chez elle et retourne à l'ordinateur. Cet appareil commence à prendre une place très importante dans sa vie.

Elle ouvre le site de rencontres et… son cœur s'arrête de battre.

---

taper : écrire avec son ordinateur.

avoir honte : ici, penser qu'on n'est pas à la hauteur, se dire qu'on peut faire mieux.

une poubelle : récipient pour les **ordures** ménagères (restes de nourriture, résidus, plastiques, boîtes de conserve vides…).

un vide-ordures : dispositif où on peut jeter les **ordures** par une ouverture située à chaque étage, dans un immeuble.

souple : flexible, contraire de *rigide*.

*Justine se tourne et voit un homme
qui entre rapidement dans l'ascenseur.*

Elle a un message signé *Swann*. Elle lit :

Bonjour Oriane,

J'ai lu votre fiche et votre message. Merci d'avoir pris contact avec moi. À bientôt !!! Swann.

Ce message est aussi bref, aussi banal, aussi vide que le sien. Elle est déçue. Elle pense qu'il se moque d'elle.

Mais qui va reprendre le dialogue ? Elle ou lui ? Cette incertitude l'embarrasse.

Elle se lève, fait quelques pas autour de son bureau, se rassoit, réfléchit, se lève, va à la cuisine, fait du thé, boit une tasse, deux tasses, va à la fenêtre, regarde la rue où la nuit commence à faire apparaître des ombres étranges et… revient vers son ordinateur.

Elle sursaute, la sonnerie du téléphone la sort de sa rêverie. C'est Adeline :

— Salut Justine ! Ça va ? Alors… ?

— Quoi, alors ?

(être) **déçu(e)** : ne pas trouver ce qu'on espérait, ressentir de la déception.
se moquer de : rire de.
embarrasser : troubler, perturber.

– Tu as envoyé ton message ?

– Oui.

– Et… ?

– Il a répondu.

– Mais, c'est super !!! Et qu'est-ce qu'il dit ?

Justine lit les deux messages ; elle entend alors Adeline qui rit, qui rit, qui ne peut plus s'arrêter de rire. Justine est vexée.

Adeline essaye de parler :

– Pardon, Justine, hi, hi, hi, hi…, excuse-moi, mais ces messages sont tellement… tellement… débiles !

Justine ne répond pas. Elle n'est pas contente.

Adeline comprend qu'elle n'a pas été très gentille :

– Mais, bon… vous allez sympathiser. Vous vous ressemblez.

Justine est de plus en plus fâchée.

– Tu ne comprends rien ! Je ne le connais pas ; qu'est-ce que je peux dire ?

Adeline qui rit encore lui dit :

– Continuez comme ça et dans un an ou deux, vous réussirez à dire quelques mots de plus.

Justine raccroche, elle est en colère, mais elle pense qu'Adeline a raison.

À ce moment-là, un bruit caractéristique annonce l'arrivée d'un message. Elle lit :

J'ai fait une constatation curieuse ; nos deux pseudos, Oriane et Swann, sont aussi le prénom et le nom de personnages de Proust. Est-ce que vous avez observé cela vous aussi ?

Elle saute presque de joie, et elle répond aussitôt :

Bien sûr ! Je suis une grande lectrice de Proust, et vous ?

---

vexé(e) : fâché(e), offensé(e), humilié(e).
débile (fam.) : stupide, idiot.
de plus en plus : à chaque instant plus (fâchée).

Justine ne répond pas. Elle n'est pas contente.

Un autre message arrive :

Moi aussi.

Plus tard, Justine précise :

Je suis nulle en maths et en physique, je ne pourrai jamais parler de votre métier avec vous.

Il répond :

Personne ne vous demande de parler de la théorie du chaos, ni de la formation du système solaire ; vous savez, très peu de gens peuvent le faire. Mais, moi, je peux vous raconter le ciel et les étoiles, je peux vous raconter le roman de l'univers...

Justine est **ravie**, elle a envie maintenant de parler, de parler... mais, il est une heure du matin...

ravi(e) : très content(e), enchanté(e).

1. Corrigez les cinq erreurs de ce début de chapitre.

Justine n'a pas cours. Elle fait la cuisine, elle descend dans la rue. Elle va à l'épicerie, achète un sandwich et déjeune dans un parc.

2. Reliez les 2 colonnes pour reconstituer le message de Justine.

a. J'ai lu	●	●	**1.** le site.
b. Je suis inscrite sur	●	●	**2.** votre fiche.
c. Je suis inscrite sous	●	●	**3.** de nombreux points communs.
d. Nous avons	●	●	**4.** le pseudo d'Oriane.
e. À bientôt	●	●	**5.** Swann.
f. Bonjour	●	●	**6.** peut-être.

3. Vrai ou faux ?   **V   F**

a. Justine est contente du message qu'elle a envoyé.   ☐ ☐

b. Sur le palier, elle aperçoit un homme
qu'elle pense avoir déjà vu.   ☐ ☐

c. Le message de Swann est plus intéressant
que le sien.   ☐ ☐

d. Justine est fâchée par l'attitude d'Adeline
au téléphone.   ☐ ☐

4. Les messages échangés. Entourez la bonne réponse.

a. Swann *a vu – n'a pas vu* la relation entre les pseudonymes et Proust.

b. Il *déteste – adore* Proust.

c. Justine lui écrit qu'elle *aura des difficultés – n'aura pas de problèmes* pour parler de sciences avec lui.

d. Swann est *un peu poète – purement scientifique*.

Chapitre 5

Un autre nouvel ami… ?

Les jours suivants, les deux **jeunes gens** continuent à se parler ; généralement le soir, assez tard. Et **au fil des jours**, l'intimité grandit entre eux, ils se font des confidences ; elle lui parle de Félix, il lui parle de sa petite amie qui l'a quitté avant Noël.

Un jour, il lui demande :

Pourquoi n'avez-vous pas mis de photo sur votre fiche ?

Mais il ajoute :

Vous savez, je vous imagine très bien. Mince, sûrement jolie, ***rieuse****, timide, passionnée…*

Elle répond :

Peut-être.

Mais elle est surprise, le portrait est assez ressemblant.

Le mardi suivant, elle ne va pas au rendez-vous de ses amies. Elle a peur de leurs questions et de leurs **plaisanteries**.

* * *

les jeunes gens : le jeune homme et la jeune fille.
au fil des jours : en même temps que les jours passent. Tout au long de (une période de temps)…
rieur(se) : qui aime rire, qui est gai(e).
une plaisanterie : paroles pour rire gentiment de quelqu'un, pour faire sourire ou rire.

Une semaine plus tard, lorsqu'elle pousse la porte de la brasserie, ses trois amies sont déjà là ; elles demandent toutes les trois en même temps :

— Alors, raconte !!!

— Oh là là ! laissez-moi le temps de m'asseoir.

— Mais raconte ! Nous sommes mortes de curiosité. Adeline nous a parlé de vos messages, nous avons bien ri. Est-ce que vous avez fait des progrès ?

— Mais oui, nous nous parlons tous les soirs. Il est super. Il me plaît beaucoup. Il est intelligent, gentil, nous aimons les mêmes choses, et… il ne fait pas de fautes d'orthographe !

— Alleluia ! Tout va bien, alors !

— Vous allez vous marier ? demande Constance.

Caroline l'interrompt :

— Tu es folle, pas de mariage ; non, pas de mariage, un pacs, c'est beaucoup mieux. On est plus libre. Beaucoup de mes amis sont pacsés.

Justine rit :

— Il n'y aura ni mariage, ni pacs, pour le moment. C'est trop tôt. Et puis, je ne l'ai pas encore vu !

— Comment ? Tu ne l'as jamais vu ?

— Mais non, je vous dis que nous communiquons par mail.

— Mais il est peut-être affreux, horrible, dit Constance.

— …très vieux, très gros, ajoute Adeline.

— Demande-lui une photo de sa nuque !!! dit Caroline.

Elles éclatent de rire toutes les trois.

Justine crie :

— Arrêtez, arrêtez ! Je suis sûr qu'il est très bien.

le pacs : le pacte civil de solidarité (PACS) est un contrat conclu entre deux personnes pour organiser leur vie en commun. Ces deux personnes doivent être majeures, de sexe différent ou de même sexe.
affreux : très laid.

– Mais il est peut-être affreux, horrible, dit Constance.

– …très vieux, très gros, ajoute Adeline.

– Sois prudente, quand même. Qu'est-ce qu'il fait dans la vie ? Ah ! oui, il est astrophysicien ! Tu sais qu'on ne gagne rien dans ce métier. Vous ne serez pas riches. Adieu, les vêtements de marque, les belles voitures, le bel appartement, les **croisières** autour du monde…

– Tu me connais mal. Je ne veux ni belles voitures, ni croisières autour du monde, ni vêtements de marque…

– C'est vrai, tu n'aimes que le métro, les jeans, les baskets et les randonnées. Bon, vous **vous entendrez**…

Machinalement, Justine regarde autour d'elle. L'homme qui les écoute est là, de dos, à nouveau. Elle voit seulement sa nuque inclinée sur un livre et c'est tout…

Caroline demande :

– Est-ce que ce type nous écoute encore ?

Et elle ajoute :

– belle nuque… hein ?

Elle rit.

Justine ne répond pas.

* * *

Comme tous les mardis, elle s'en va la première. Dans la rue, elle se retourne de temps en temps. Elle croit que quelqu'un la suit. Elle déteste cette impression. Elle rentre dans son immeuble. Et tout à coup, elle entend la porte de l'immeuble qui **claque**. Un homme vient d'entrer derrière elle et va prendre lui aussi l'ascenseur. Elle n'aime pas prendre l'ascenseur avec des inconnus. Mais celui-ci lui dit aimablement :

– Je crois que nous sommes voisins ! Vous allez au sixième, n'est-ce pas ? Je vous ai vue devant le vide-ordures. Et il appuie sur le bouton du sixième.

une croisière : voyage pour le plaisir sur un bateau.
s'entendre : avoir de bonnes relations l'un avec l'autre.
claquer : faire un bruit sec et fort.

Justine voit, dans sa poche, un livre qui dépasse.

Elle répond :

– Oui, merci, mais elle pense : « Quelle rencontre romantique ! Devant le vide-ordures ! »

Elle n'ose pas le regarder. Mais elle voit, dans sa poche, un livre qui dépasse. C'est *La Princesse de Clèves*. Quelle coïncidence !

Il voit son regard et dit :

– Eh oui, on lit encore ce roman, aujourd'hui. En fait, je le relis. Et c'est magnifique.

Tout à coup, elle lui demande :

– Que pensez-vous de Madame de Clèves ? Est-ce qu'elle a raison ou est-ce qu'elle a **tort** de repousser M. de Nemours ? Est-ce qu'elle a raison ou tort de penser que tous les hommes sont infidèles ? Et en même temps, elle se dit : « Il va penser que je suis folle ! »

> **dépasse :** ici, qui sort un peu car il est plus grand que la poche.
> **avoir tort :** ne pas avoir raison.

Mais il répond :

– Elle a tort. Elle refuse l'amour et elle refuse la vie.

Ils sont maintenant sur le palier et ils bavardent. C'est la première fois de sa vie qu'elle parle si facilement avec quelqu'un qu'elle ne connaît pas.

Finalement, ils se disent bonsoir. Il lui prend la main et la **serre**. Elle le regarde. Il a des yeux gris très doux et un sourire chaleureux. Quel choc ! Elle rougit, dit quelques mots et rentre chez elle ; elle ferme la porte et reste debout toute **tremblante**. Qu'est-ce qui lui arrive ? Est-ce que c'est ce qu'on appelle le **coup de foudre** ? Non, ce n'est pas possible ! Elle ne croit pas au coup de foudre. Elle croit à une complicité, à une amitié passionnée, pas à ce choc électrique… Mais elle tremble encore quand elle se met au lit. Tout à coup, elle se rappelle : et Swann ? Elle a sûrement un message de Swann. Ce soir, elle l'a oublié. Elle est très **troublée**. Elle se lève, va à sa table de travail et allume l'ordinateur. Elle a un, deux messages :

Bonjour Oriane.
Ce printemps me donne des envies de balades en forêt de Fontainebleau. Et vous ?

Bonsoir Oriane.
Je n'ai pas eu de réponse à mon message.

À ce moment-là, un troisième message arrive :

Bonne nuit Oriane !
Le premier message était une invitation indirecte ! Voilà une autre invitation plus directe. Que pensez-vous d'un rendez-vous pour organiser une balade en forêt ?

Elle lit tous ces messages et elle se sent triste. Elle ne peut pas répondre. Qu'est-ce qu'elle va faire ?

serrer (**une main**) : la tenir et exercer en même temps une certaine pression.
tremblant(e) : agité(e) de petits mouvements répétés, causés par l'émotion.
un coup de foudre : manifestation soudaine de l'amour dès la première rencontre.
troublé(e) : un peu perturbé(e).

1. Entourez la bonne réponse.

a. Les jours suivants, Justine et Swann *continuent de s'écrire – ne s'envoient plus de messages.*

b. Le portrait que Swann fait de Justine *est assez juste – n'a rien à voir avec elle.*

c. Justine *parle immédiatement des messages à ses amies – attend un peu.*

2. Vrai ou faux ?

	V	F
a. Justine dit qu'elle va se marier avec Swann.	☐	☐
b. Elle l'a déjà vu et le trouve très beau.	☐	☐
c. Swann fait un métier qui n'est pas très bien payé.	☐	☐
d. Justine a des goûts simples.	☐	☐

3. La rencontre avec le voisin. Complétez avec : *Swann, attirée, questions, héroïne,* Princesse de Clèves, *ascenseur.*

Justine rencontre son nouveau voisin devant l'...... Elle découvre qu'il lit la ...... et lui pose des ...... sur l'attitude de l'...... avec M. de Nemours. Elle se sent ...... par le jeune homme et oublie ......

4. Répondez aux questions.

a. Ce soir-là, Justine consulte immédiatement ses mails ? ....

....

b. Elle a des mails de Swann ? ....

c. Qu'est-ce qu'il lui propose ? ....

d. Justine répond tout de suite ? ....

Son voisin frappe à la porte. Il lui demande un tire-bouchon !!!

Chapitre 6

Un ami, deux amis, un ami, deux amis… ?

Elle dort mal. Elle fait des rêves étranges. Elle voit des têtes sans visage qui passent et repassent devant elle. Parfois, ces têtes ont des yeux qui la regardent avec tristesse ; parfois, elles se mêlent pour former une seule tête ; parfois elles tournent autour d'elle dans une danse horrible. C'est un **cauchemar**…

Le lendemain, elle se réveille, très fatiguée. Heureusement, c'est mercredi.

Dans la matinée, son voisin frappe à sa porte. Il lui demande un **tire-bouchon** !!! Elle ressent la même émotion, le même **trouble**.

Elle a besoin de parler à ses amies. Elle a besoin de leurs conseils. Elle les appelle toutes les trois au téléphone.

Elles se donnent rendez-vous dans un café près de chez elle.

Et là, elle leur raconte tout : la rencontre avec son voisin, le choc **inattendu**, et les messages de Swann.

Ses amies l'écoutent attentivement :

– Eh bien ! Tu étais seule, et maintenant tu as deux amoureux !

– Est-ce qu'ils sont amoureux de moi ? Je ne sais pas. Mais moi, je suis tombée amoureuse d'un homme que je n'ai jamais vu et d'un

---

se mêler : se combiner, se mettre ensemble.
un cauchemar : mauvais rêve.
un tire-bouchon : instrument qui sert à ouvrir les bouteilles de vin.
le trouble : confusion, désordre.
inattendu : imprévu.

homme avec qui j'ai parlé cinq minutes. C'est idiot, non ? Qu'est-ce que je vais faire ?

Caroline affirme :

– Ça passera, attends un peu !

Adeline rit :

– Ce n'est pas une maladie !!!

Constance réfléchit et dit :

– Swann t'a proposé un rendez-vous, accepte. Rencontre-le et après, tu décideras !

Adeline et Caroline sont d'accord :

– Elle a raison. Accepte le rendez-vous.

Mais Justine hésite :

– Oui, mais l'autre, mon voisin ?

– Écoute, accepte le rendez-vous. C'est la bonne solution.

* * *

Le soir même, Justine est devant son ordinateur et tape le message suivant, le cœur battant :

Vous m'avez proposé un rendez-vous. D'accord ! Où ? Quand ?

La réponse est immédiate :

Demain, à six heures, au café Corti.

Justine répond :

Nous avons besoin d'un signe de reconnaissance. Que pensez-vous d'un roman de Proust : Du côté de chez Swann *?*

Le message suivant arrive :

D'accord. J'aurai ce roman avec moi. À demain.

Cette nuit-là, Justine ne peut pas dormir. Elle pense à son rendez-vous, elle pense au **chagrin** qu'elle pourra faire à Swann, elle pense à l'autre homme qu'elle connaît à peine.

■ **le chagrin :** peine, tristesse.

Justine reste sur le trottoir et attend...

* * *

Le lendemain, au lycée, elle fait son cours, mais son esprit est **ailleurs**. Elle attend le soir avec inquiétude. Ce soir, sa vie va peut-être changer.

Elle termine à 4 heures. Elle rentre chez elle, prend une douche, se change et se maquille : du rouge à lèvres seulement. Mais elle est très pâle, alors elle se met un peu de blush.

Elle hésite. Elle veut et ne veut pas aller au rendez-vous.

À cinq heures et demie, elle prend le métro et un quart d'heure plus tard, elle est devant le café. Mais elle n'entre pas tout de suite. Elle reste sur le trottoir et attend… quoi ? Elle ne le sait pas elle-même.

Ses trois amies sont sûrement déjà là.

Elle leur a demandé d'être présentes, mais de rester loin d'elle et de Swann, de ne rien faire et de ne rien dire.

Finalement, elle entre. Le café est grand et à cette heure-là, il y a beaucoup de monde. Elle ne cherche pas un visage, elle ne connaît pas Swann, elle cherche un livre posé sur une table. Elle avance, tremblante. Ses amies sont là, au fond du café.

■ **ailleurs :** à un autre endroit.

Elle continue à avancer et tout à coup, sur une table, elle voit un livre. Elle s'approche ; elle ne voit pas l'homme qui est assis à cette table car il est de dos. Elle voit le roman. Oui, il y a bien le nom de Proust sur le livre, elle s'approche encore et découvre que ce n'est pas *Du côté de chez Swann*, le 1er tome de l'œuvre de Proust ; c'est le second tome : *Du côté de Guermantes.* Elle ne comprend pas. Elle hésite encore. C'est peut-être une coïncidence ! Mais le roman est posé sur le bord de la table, comme un appel. Elle fait le tour de la table pour voir l'homme et alors, alors...

C'est un moment terrible... Elle reste d'abord immobile, et puis soudain, elle s'enfuit. Elle sort du café et elle court. Elle court.

Elle entend derrière elle des pas rapides. Et Swann... SON VOISIN ! l'homme qui était assis à cette table, la prend par le bras.

– Attendez, arrêtez-vous, revenez, je vais vous expliquer.

– Non, vous avez menti.

– Je vous en prie, écoutez-moi, revenez, je vais vous expliquer.

– Vous avez menti.

– Je vous en supplie, revenez, nous allons parler.

Il est désolé, mais il y a de la force dans sa voix. Alors, elle le suit et ils reviennent ensemble au café.

Ses amies sont encore là ; elles ne comprennent rien.

Justine et Swann... -le voisin- s'assoient. Et l'homme commence à parler.

« Je m'appelle Gilles. Le hasard est le seul responsable de notre rencontre. La première fois, je vous ai vue dans notre immeuble. J'étais votre nouveau voisin. Vous étiez à la porte de chez vous et vous parliez à quelqu'un. Je suis passé devant vous, mais vous n'avez pas fait attention à moi ; en plus, j'étais malade, j'avais un bonnet sur la tête et une écharpe autour du cou.

Et puis la même semaine, par hasard, je vous ai revue dans la

---

elle fait le tour (de la table) : se place de l'autre côté (de la table).
s'enfuir : partir très vite et loin, s'échapper.
ne pas faire attention à quelqu'un : ne pas voir qu'il est présent, ne pas le distinguer entre d'autres personnes.
un bonnet : vêtement (en laine) qu'on met sur la tête pour se protéger du froid.

Swann... SON VOISIN ! la prend par le bras.

brasserie où j'avais rendez-vous avec un ami qui n'est pas venu. C'était un signe du destin ! Je suis resté. Et je vous ai trouvée **charmante**. Je vous ai écoutée. Vous parliez des hommes et d'Internet. Cela m'a amusé et j'ai voulu en savoir plus. Je l'avoue, après le dîner, je vous ai suivie. Je suis revenu le mardi suivant et vous étiez là ! J'ai écouté votre conversation. Votre amie a parlé du message signé *Oriane*. J'ai décidé de répondre à ce message. J'avais envie de vous connaître.

J'ai adoré nos messages. Je me sentais de plus en plus proche de vous. Et puis, l'autre soir, par hasard encore, nous nous sommes rencontrés devant l'ascenseur. Et j'ai senti une harmonie, une entente, une sympathie profonde entre nous. J'étais très impressionné, j'ai voulu tout vous dire. Alors, je vous ai donné rendez-vous. Voilà. »

Il parle, il parle et Justine se tranquillise peu à peu... Elle l'écoute. Elle le regarde. Il lui sourit et demande :

– Vous me pardonnez ?

Mais elle a besoin de réfléchir. Demain, peut-être... demain.

Les trois amies se sont approchées. Elles apprennent l'histoire et pour une fois, elles restent sans voix. Puis elles posent mille questions.

Finalement, Caroline se penche vers Justine et chuchote :

– Il a vraiment une belle nuque... hein ? Tu ne trouves pas ?

■ **charmant(e) :** très agréable, adorable.

COMPRENDRE

1. Complétez les phrases avec le mot qui convient.

a. Pendant la nuit, Justine fait un ......

b. Dans la matinée, son voisin lui demande un ......

c. Justine, perturbée, a besoin de parler à ses ......

d. Ses amies lui conseillent d'accepter le ...... de Swann.

2. Répondez aux questions.

a. Justine accepte d'aller au rendez-vous ? ....

b. Où est le rendez-vous ? ....

c. À quelle heure ? ....

3. Vrai ou faux ?   V   F

a. Le café où Justine a rendez-vous est vide.   ☐   ☐

b. Swann a menti.   ☐   ☐

c. Il s'appelle Gilles.   ☐   ☐

d. Il n'a jamais vu Justine.   ☐   ☐

e. Il a écouté les conversations de Justine et
de ses amies.   ☐   ☐

f. Il a préféré prendre contact avec elle à travers
les messages.   ☐   ☐

g. Il n'a pas aimé leurs messages.   ☐   ☐

h. Justine lui pardonne immédiatement.   ☐   ☐

Donnez votre opinion...

a. Que pensez-vous de Justine ? Est-ce que vous lui ressemblez ?

b. Que pensez-vous de Swann ? Est-ce que vous êtes d'accord avec ce qu'il a fait ?

c. À votre avis, les amies de Justine sont-elles de vraies amies ? Est-ce qu'elles lui donnent de bons conseils ?

Imaginez...

D'après vous, qu'est-ce qui va se passer après la dernière rencontre ? Gilles et Justine vont-ils se retrouver ? Vont-ils s'éviter ?

Imaginez, en groupes, deux scénarios différents.

Discutez...

a. Quel usage faites-vous d'Internet ?

b. Pour vous, est-ce que c'est un instrument utile ?

c. Que pensez-vous des rencontres sur Internet ?

d. Que pensez-vous de tous les moyens actuels pour rencontrer quelqu'un : *speed-dating, snow-dating* (dans un télésiège, à la montagne) ?

Imprimé en France par EMD S.A.S. – Nº d'imprimeur : 20378
Nº d'éditeur : 10148509 – Janvier 2009

page 3

4. a. 2 - 5 b. 1 - 4 c. 3 - 6
5. b

page 11

1. a. Justine b. dans une brasserie. c. Mariez-vous.
2. a. faux b. faux c. vrai d. vrai e. faux
3. a. 3 b. 1 c. 4 d. 2
4. Madame de La Fayette

page 18

1. a. faux b. vrai c. faux d. faux e. faux
2. a. lit le journal b. des sites de rencontres c. décide de créer sa fiche de présentation d. est de nouveau occupé
3. a. 25 b. noisette c. noirs d. 1 m 68 e. professeur f. célibataire
4. a. Oriane b. Proust

page 25

1. a. fiche b. intéresse c. exigeante d. écoute
2. a. vrai b. vrai c. faux d. faux
3. a -   c - d
4. a. vrai b. faux c. faux d. vrai e. vrai

page 32

1. Justine n'a pas cours. Elle fait **sa lessive**, elle descend **à la boîte aux lettres**. Elle va **au marché**, achète **une baguette, du fromage et des pommes** et déjeune **devant la télé**.
2. a. 2 b. 1 c. 4 d. 3 e. 6 f. 5
3. a. faux b. vrai c. faux d. vrai
4. a. a vu b. adore c. aura des difficultés d. un peu poète

page 39

1. a. continuent de s'écrire b. est assez juste c. attend un peu
2. a. faux b. faux c. vrai d. vrai
3. ascenseur - *Princesse de Clèves* - questions - héroïne - attirée - Swann
4. a. Non. b. Oui. c. De faire une balade en forêt. d. Non.

page 46

1. a. cauchemar b. tire-bouchon c. amies d. rendez-vous
2. a. Oui. b. Au café Corti. c. À six heures.
3. a. faux b. vrai c. vrai d. faux e. vrai f. vrai g. faux h. faux

CORRIGÉS